PIBROCH

Haiku in Scots

By

JOHN McDONALD

Cyberwit.net
HIG 45 Kaushambi Kunj, Kalindipuram
Allahabad - 211011 (U.P.) India
http://www.cyberwit.net
Tel: +(91) 9415091004
E-mail: info@cyberwit.net

Printed at Repro India Limited.

DEDICATED TO MY DEAR WIFE ANN, OUR
CHILDREN AND THEIR FAMILIES

eildit pleesures:
blithe tae hae wurn oot
anither pair o shuin

elderly pleasures
happy to have worn out
another pair of shoes

#

gaitherin conkers agane -
twa
octygenarians

gathering conkers again -
two
octogenarians

#

mornin clatter -
ma neebours clype
... maggies jyne in

morning chatter -
my neighbours gossip
...magpies join in

#

dung doon ceeties -
tuithit gavel-ens staun
...a deil's jeegsaw

bombed cities -
toothed gable-ends stand
...a devil's jigsaw

\#

dawn chorus -
the yatter
o the bucket men

dawn chorus -
the chitchat
of the binmen

\#

hairst wund -
raggity leaves
shreedit incaain streamers

autumn wind -
tattered leaves
shredded prayer flags

\#

back aince mair
tae the snowk o peat reek
...lowes thit nivver gae oot

back again
to the smell of peat smoke
...fires that never go out

\#

hameless -
doverin aneath the heidline:
IS THERE LIFE ON MARS?

homeless -
asleep beneath the headline:
IS THERE LIFE ON MARS?

\#

sica bonnie lassie -
her spirlie fingers
cleuks o a draigon tattoo

such a lovely girl -
her slender fingers
claws of a dragon tattoo

\#

deid man's bells
 a ticht fit
...bummer backs oot slawly

foxglove
a tight fit
...bee reverses out slowly

\#

arthritic:
his banes runchin
wrochtin thayr ain aises

arthritic:
his bones grinding
making their own ashes

\#

unner the tree
a fawen egg -
sumhin's sookit oot the sangburd

under the tree
a fallen egg -
something's sucked out the songbird

\#

obituary:
...a brush hus
skytit frae the cannas

obituary:
a brush has
slipped from the canvas

\#

sneddin ma herr
i the gairden
...haip o thrisseldoon

cutting my hair
in the garden
...heap of thistledown

#

bydein the licht
sweelt in the hap o'ts sel -
mornin glory

awaiting the light
wrapped in the blanket of itself -
morning glory

#

barber shewn-up:
deein o cancer
his thocht's ma herr!

barber closed:
dying of cancer
his concern is my hair!

(For sandy)

\#

nicht veesitors -
the siller jeegsaw
o snail steids

night visitors -
the silver jigsaw
of snail tracks

\#

lockdoon ower -
the burn's banjo
new seeds jiggin on the err

lockdown over -
the stream's banjo
new seeds dancing on the air

\#

yin clap!
an a synchronized soom
o minnons

one clap!
and a synchronized swim
of minnows

\#

attercaps
it houghmagandie
...snorlie threid

spiders
making love
...knotted thread

\#

crematorium -
her sinbrunt
dowie yins

crematorium -
her sunburnt
mourners

\#

gairden fou
o the brawest jazz jiggers
...butteries.

garden full
of the best jazz jivers
...butterflies

\#

lockdoon -
the day
a butterie gaed by

lockdown -
today
a butterfly passed by

\#

college hooses -
tap flair hained
fir theology scholars?

university flats -
top floor reserved
for theology students?

\#

petal bi petal
the speengie rose
tirls

petal by petal
the peony rose
undresses

\#

clam mornin -
the wuid souchs oot
a douce braith

damp morning -
the forest exudes
a sweet breath

\#

hameless - doverin
on the ootdoor chess-brod
...pawn

homeless - asleep
on the outdoor chess-board
...pawn

\#

craws wesh i the burn
maws wesh upstream
...the maggies keckle

crows wash in the stream
gulls wash upstream
...the magpies chortle

\#

rescuin a bummer
she feshes me
a bizzin bicker

rescuing a bee
she fetches me
a buzzing beaker

\#

efter lockdoon
the youthie speuggies
dinnae ken whit tae mak o's

after lockdown
the young sparrows
don't know what to make of us

#

mawin the gairden -
hauf-cut bummers
amang the sookies

mowing the garden -
half-cut bees
among the clover heads

#

ilka day his carer
helps'm reenge the burn
fir crocodiles

every day his carer
helps him search the stream
for crocodiles

\#

lowst frae lockdoon
the bodach
neb-deep in breer

released from lockdown
the old man
nose-deep in a wild rose

\#

throuch the kirkyaird
the wund's wae chanter
...a pibroch fir Eilidh

through the churchyard
the wind's sad chanter
...a pibroch for Eilidh

(For Eilidh MacLeod of Barra ,killed by terrorists)

\#

heatwave -
deid in a fur cot
...bummer

heatwave -
dead in a fur coat
...bee

\#

alang the trackside
wull brummles
...railway jeelie we cried it

along the trackside
wild brambles
...railway jam we called it

\#

gallus i the pandemic -
his pooches fou
o haly medals

fearless in the pandemic -
his pockets full
of holy medals

\#

swans dunt on the burn -
twa fedders
panderin

swans bump on the stream -
two feathers
drifting

\#

island wedder clype -
washin-rope
semaphore

island weather report -
washing line
semaphore

\#

hebridean gowan -
sin in a reeng
o cluds

hebridean daisy -
sun in a ring
of clouds

\#

bi a roustin anchor
fusherchiels hunker
govein seawarts

by a rusting anchor
fishermen sit
gazing seawards

\#

cumulus cluds
...Reuben's wummen
hurkin

cumulus clouds
...Reuben's ladies
lounging

\#

daith o a priest -
ablow the saugh swan hunkers
beads faw frae'r neb

death of a priest -
below the willow swan sits
beads fall from her beak

\#

covid-19 -
bygaun the beautician's
...tuim keekin glesses glowerin

covid-19 -
passing the beautician's
...empty mirrors staring

#

juist be!
wi the renuncin
as gean flourish faws

just be!
with the surrender
as cherry blossom falls

#

readin i the gairden -
bummer's sheddae
...fou stap

reading in the garden -
bee's shadow
...full stop

\#

in a snell wund
the tosieness
o gean flourish

in a bitter wind
the warmth
of cherry blossom

\#

burds stoor
tae thayr nests
...guis-stappin maggies

birds race
to their nests
...goose-stepping magpies

\#

pandemic -
a tuim cheer
in monie a hame

pandemic -
an empty chair
in many a home

\#

frae the fitbaw perk
the ref's fussle -
a bleckie repones

from the football park
the ref's whistle -
a blackbird answers

\#

killer i the sinsheen:
bawdrons kids on sloom
aneath the speuggies

killer in the sunshine:
cat feigns sleep
beneath the sparrows

\#

efter Mass
refleckin on the tuim tassie
..fou o sinsheen

after Mass
reflecting on the empty chalice
...full of sunshine

\#

Guid Friday -
Reid Rab roon ma feet
its bluid-reid breist

Good Friday -
a robin round my feet
its blood-red breast

\#

suddentlie
the AH! mament -
gean flourish

suddenly
the AH! moment -
cherry blossom

\#

his jab date:
Guid Friday
...the bouk thirlt

his vaccination date:
Good Friday
...the body pierced

\#

furst bummers
souch i the daffins' heids
...voar raga

first bees
drone in the daffodils' heads
...spring raga

\#

fooneral mornin -
a bleckie howks a hole
i the seed bed

funeral morning -
a blackbird digs a hole
in the seed bed

\#

The Via Dolorosa -
a dozie-heidit bawdrons
retours tae's dwam

The Via Dolorosa -
a sleepy headed cat
returns to his dream

#

monks
traik the stations o the corse
throuch caunle-lit daffins

monks
walk the stations of the cross
through candle-lit daffodils

#

agane
the reeng
o harebells

again
the ring
of bluebells

#

taur squad
rained aff - a wattergaw
quat on the causey

asphalt squad
rained off - a rainbow
left on the street

#

creck o the host
licht sklentin frae the quaich
...sabbath thunnerstorm

crack of the host
light flashing from the chalice
...sunday thunderstorm

#

the cob snecks an plets
the girss - she feshes the seed
intae the wyve

the cob snips and plaits
the grass - she fetches the seed
into the weave

#

faither's waddin reeng
darg wurn -
inby, twa bricht nems

father's wedding ring
work worn -
inside, two bright names

#

the day
the cheep o a kintra tune
an the years drap awa

today
the hint of a country accent
and the years fall away

#

siller birks
i the wund
...'The Divine Dance'

silver birches
in the wind
...'The Divine Dance'

\#

rugby gemme -
mid the breetality o studs
yin bricht crocus

rugby match -
midst the brutality of studs
one bright crocus

\#

amaryllis -
tooterin the day
the hodden meesterie

amaryllis -
trumpeting today
the hidden mystery

\#

new rodwarks -
a peerie patch o snawdraps
wins oot

new roadworks -
a tiny patch of snowdrops
prevail

\#

on the wunter tree
a flourish
o blue bonnets

on the winter tree
a blossom
of blue tits

\#

blin smoor -
the swans hae cookit
...till they muive

snowdrift -
the swans have disappeared
...until they move

\#

laid aff -
Ilka day tentie
o an eeshogel growein

furloughed -
every day watching
an icicle growing

\#

ma neebour's tree -
a trapeze warl
o blue bonnets

my neighbour's tree -
a trapeze world
of blue tits

\#

snaw faws ootby -
the priest sains oor clachan
cleedit in fite

snow falls outside -
the priest blesses our village
dressed in white

\#

weengs spreid
peened tae the fairmer's palin:
craw's petrine corse

wings spread
pinned to the farmer's fence:
crow's petrine cross

\#

jag day -
throuch the doacter's winnock
eeshogels dreepin

vaccination day -
through the doctor's window
icicles dripping

\#

lockdoon -
the bairnie dirls
the playgrun yetts

lockdown -
the toddler rattles
the playground gates

\#

swan slips
intae the watter
...ryal barque

swan slips
into the river
...royal barque

\#

freestit playgrun -
myndin the keekin-gless
wrocht wi tacketie buits

frosted playground -
remembering the mirror
made with hobnailed boots

\#

swans
keekin throuch the sprots
aye in lockdoon

swans
peering through the reeds
still in lockdown

\#

wunter
in ma aviator bunnet
...the spaniel goves

winter
in my aviator hat
...the spaniel stares

\#

sin rowes back
the sheddaes - snail claps
tae a hinmaist deowdrap

sun rolls back
the shadows -
snail clings to a last dewdrop

\#

hairst -
bauldie-heidit days
fir the pish-the-beds

autumn -
bauld-headed days
for the dandelions

\#

burdsang -
nivver
a wrang note

birdsong -
never
a wrong note

\#

deef tae ma 'guid mornin' -
thay'r tentie
tae the vyces i thayr heids

ignoring my 'good morning' -
they listen
to the voices in their heads

\#

streengs hing tuim
traikle-farls gane
...wutches an warlocks stappit

strings hang empty
treacle-scones gone
...witches and warlocks sated

\#

hallowsday -
skeery pumpkins aye aroond
...skailt sweeties on the causey

All Saints' Day -
scary pumpkins still around
...spilt sweets on the street

www.ingramcontent.com/pod-product-compliance
Lightning Source LLC
LaVergne TN
LVHW041440170726
843492LV00008B/2730